LA VEUVE

DU MALABAR,

TRAGÉDIE.

19

LA VEUVE
DU MALABAR,

O U

L'EMPIRE DES COUTUMES;

TRAGÉDIE.

PAR M. LE MIERRE.

*Repreſentée pour la première fois par les Comédiens
François, le 30 Juillet 1770, & remiſe au Théâtre
le 29 Avril 1780.*

Quæ fera gens hominum, quæve hunc tam barbara morem
Permittit Patria?

VIRG. *Æneidos Lib. I.*

Prix 30 ſols.

A PARIS,

Chez la Veuve DUCHESNE, Libraire, rue Saint-
Jacques, a Temple du Goût.

M. DCC. LXXX.

AUX MÂNES
DE DORAT,

M O R T

Le jour de la première Représentation

DE LA VEUVE DU MALABAR.

O MON ami, tu meurs! atteinte preffentie!

    Mais dans quel jour je la reçoi!

    Epoque vraiment inouie!

Dure fatalité qui dut marquer ma vie,

    Et qui force à parler de foi

    Quand la douleur veut qu'on s'oublie!

Ta dernière penfée a donc été pour moi,

    Et ton dernier vœu pour ma gloire! (*)

Ce trait peut-il jamais fortir de ma mémoire

    Et de ce cœur qui fut à toi?

La peine & le plaifir, telle eft la loi commune,

S'étoient toujours fuivis, précédés tour-à-tour;

(*) Qu'on m'apprenne le plutôt qu'il fe pourra le fuccès de la Veuve du Malabar, cela me fera paffer une bonne nuit. *Voilà les dernières paroles de M. DORAT.*

Le bonheur pour moi feul eft dans le même jour
  Etouffé fous mon infortune ;
Quelle joie en mon ame eût pu trouver accès,
Mon Laurier ! Qu'ai-je dit ? La tige en eft flétrie,
  J'en ai vu fortir ton Cyprès ;
  J'ai bu la célefte ambroifie
  Dans le vafe amer des regrets.
Abfent, je te cherchois d'un œil involontaire,
  A ce Spectacle où tu cueillis
  La Palme du *Célibataire*,
  En dépit de tes ennemis ;
  A ce Théâtre où le fuffrage
De ton efprit exempt des mouvemens jaloux,
  Eut au deftin de mon ouvrage
  Ajouté des charmes fi doux.
  Mais tu n'es plus , & de ténèbres
J'ai vu couvrir la fcène en ces cruels momens
  Au lieu des applaudiffemens,
Je n'ai plus entendu que des hymnes funèbres ;
  Au lieu de jouir , j'ai frémi ;
  La douleur rempliffoit mon ame ;
Et des pleurs que peut-être a fait verfer mon Drame,
J'ai détourné le cours vers l'urne d'un ami.
 Hé ! quel mortel, ô gloire ! épris de ton phofphore,

Par la publique voix aux Cieux fut-il porté,

Dans les pertes du cœur peut refpirer encore

     Les parfums de la vanité?

Malheur irréparable! ami doux & facile,

Nouveau Quintilius à jamais regretté,

Tu manqueras fans ceffe à mon cœur attrifté;

Par ma douleur au moins j'imiterai Virgile.

     Lorfque privé de Colardeau,

     Tu jettois des fleurs fur fa cendre,

     Ah! comme lui dans le tombeau,

     Tu devois donc fi-tôt defcendre;

Comme lui, jeune encor, dans ta courfe arrêté,

     Objet d'intérêt & d'allarmes,

Tu devois pour les Arts, pour la Société,

     Rouvrir une fource de larmes!

Auffi fécond qu'Ovide & fouvent fon rival,

     En grâces où trouver ton maître,

     En honnêteté ton égal?

Déja ton nom célèbre & fi digne de l'être,

Ornoit mes Vers. Ah! dans ce jour de deuil

     Devoit-il donc y reparaître,

     Pour t'y montrer dans le cercueil?

F I N.

PERSONNAGES.	ACTEURS.
LANASSA, veuve du Malabar.	Mlle. Saintval.
FATIME, Confidente de la Veuve.	Mad^e. Suin.
LE GRAND BRAMINE.	M. Vanhove.
LE JEUNE BRAMINE.	M. Monvel.
UN BRAMINE.	M. Marsi.
LE GÉNÉRAL FRANÇOIS.	M. de la Rive.
UN OFFICIER FRANÇOIS.	M. Dorival.
UN OFFICIER INDIEN.	M. Florence.
BRAMINES.	
PEUPLE INDIEN.	
OFFICIERS FRANÇOIS.	
SOLDATS.	

La Scène est dans une Ville Maritime, sur la côte de Malabar.

LA VEUVE
DU MALABAR,

TRAGÉDIE.

ACTE PREMIER.

SCENE PREMIÈRE.

LE GRAND BRAMINE, UN JEUNE BRAMINE, UN BRAMINE.

LE GRAND BRAMINE.

UN illuſtre Indien a terminé ſa vie,
Sachez donc ſi ſa Veuve, à l'uſage aſſervie,
Conformant ſa conduite aux mœurs de nos climats,
Dès ce jour met ſa gloire à le ſuivre au trépas.

A

C'eſt un uſage ſaint, inviolable, antique,
Et la Religion jointe à la Politique,
Le maintient juſqu'ici dans ces États divers,
Que traverſe le Gange & qu'entourent les Mers.
Allez. Je vous attends.

SCENE II.

LE GRAND ET LE JEUNE BRAMINES.

LE GRAND BRAMINE.

Oui, c'eſt vous dont le zèle
Conduira de ſa mort la pompe ſolemnelle.

LE JEUNE BRAMINE.

Quoi! les Européens accourus vers nos ports,
De leurs Vaiſſeaux nombreux inveſtiſſent ces bords,
Tant de foudres lancés ſur les murs de la Ville,
De leurs coups redoublés ébranlent notre aſyle ;
Et c'eſt peu qu'aujourd'hui la guerre & ſes fureurs
Faſſent de ce rivage un théâtre d'horreurs !
Au milieu des dangers, au milieu des alarmes,
Que répand dans nos murs le tumulte des armes,

Nous préparons encore un spectacle cruel,
Qui me plonge d'avance en un trouble mortel;
Nous dreffons ces bûchers, confacrés par l'ufage,
Qui font du Malabar fumer au loin la plage !
Non, je dois l'avouer, je ne pourrai jamais
Accoutumer mes yeux à de pareils objets.
Hé ! ne peut-on fauver la victime nouvelle ?
Son Epoux, dans ces lieux, n'eft point mort auprès d'elle ;
Elle ne l'a point vu dans ces derniers momens,
Si puiffans fur notre ame & fur nos fentimens,
Où d'une Epoufe en pleurs, l'Epoux qui fe fépare,
Exige de fa foi cette preuve barbare ;
Où dans l'illufion d'un douloureux ennui,
Elle voit comme un bien de mourir avec lui.

LE GRAND BRAMINE.

Qu'importe qu'en mourant il n'ait point reçu d'elle
Le ferment de le fuivre en la nuit éternelle ?
Penfez-vous que du fang dont on fçait qu'elle fort,
Elle puiffe à fon gré difpofer de fon fort?
Au nom de fon Epoux, fa famille inquiette,
L'environne déja pour exiger fa dette ;
L'affront dont en vivant elle fe couvriroit,
Sur fes triftes parens à jamais s'étendroit,

Et de fa propre gloire une fois dépouillée ,
Que faire de la vie après l'avoir fouillée ?
Où feroit fon efpoir ? fans honneur & fans biens ,
Devenue & l'Efclave , & le rebut des fiens ,
Vile à fes propres yeux dans cet état fervile ,
Ou plutôt dans l'horreur de cette mort civile ,
Elle ne traîneroit que des jours languiffans ,
S'abreuveroit de pleurs & mourroit plus longtemps.

LE JEUNE BRAMINE.

Il eft vrai ; cependant pour peu qu'on foit fenfible ,
Avouez avec moi qu'il doit paroître horrible
Qu'on réferve à la femme un fi funefte fort ,
Et qu'elle n'ait de choix que l'opprobre ou la mort ;
Les Loix même contre elle ont pu fournir ces armes!
La femme en ces climats n'a pour dot que fes charmes ,
Et l'époux s'en arroge un empire odieux
Qu'il laiffe à fes enfans lorfqu'il ferme les yeux!
Il faut qu'elle périffe , ou bien leur barbarie
Ofe lui reprocher d'avoir aimé la vie ,
L'en punir, la priver avec indignité
Des droits toujours facrés de la maternité.
Hé quoi! pour honorer la cendre de leur père ,
Ont-ils donc oublié que fa veuve eft leur mère.

. . .

LE GRAND BRAMINE.

Et vous, ignorez-vous fous quel fceptre d'airain
L'ufage impérieux courbe le genre-humain.
Obfervez le tableau des mœurs univerfelles ;
Vous verrez le pouvoir des Coutumes cruelles.
L'Empereur Japonnois defcendant chez les morts,
Trouve encore des Flatteurs pour mourir fur fon corps.
Les enfants pour périr ou vivre au choix du père,
Ailleurs font défignés dans le fein de leur mère.
Le Maffagete immole, & c'eft par piété,
Son père qui languit fous la caducité.
Le Sauvage vieilli, dans fa douleur ftupide,
De fon fils qu'il implore, obtient un parricide.
Sur les bords du Niger, l'homme eft mis à l'encan :
En montant fur le Trône, on a vu le Sultan
Au lacet meurtrier abandonner fes frères ,
Et dans l'Europe même, au centre des lumières,
Au refte de la terre, un honneur étranger,
De fang-froid, pour un mot, force à s'entr'égorger.

LE JEUNE BRAMINE.

Ainfi, l'exemple affreux des Coutumes barbares,
Autorife & maintient des excès fi bizarres.

Ainfi, quand des Autels la femme ofe approcher,

Les flambeaux de l'hymen font ceux de fon bûcher.

Du deftin qui l'attend l'horreur anticipée,

Se préfente fans cefle à fon ame frappée :

Efclave de l'Epoux, même lorfqu'il n'eft plus,

Liée encor des nœuds que la mort a rompus ;

Entendez-la crier d'une voix lamentable,

Cruels, qu'avez-vous fait par un arrêt coupable ?

Hélas ! déja le Ciel nous impofe en naiffant

Un tribut de douleurs, dont l'homme fut exempt ;

Et votre aveugle loi, votre ame injufte & dure,

Ajoute encor pour nous au joug de la Nature,

Et bien loin d'adoucir, de plaindre notre fort,

C'eft vous qui nous donnez l'efclavage & la mort.

LE GRAND BRAMINE.

Quel langage inouï ! quelle erreur te domine !

N'es-tu donc dans le cœur Indien, ni Bramine?

La femme naît pour nous, & par un fol égard,

Tu veux que dans l'hymen elle ait fes droits à part!

Prens-tu les préjugés des Nations profanes ?

On doit tout à l'époux, on doit tout à fes mânes.

Elle-même a fenti dans fes attachemens

Le prix qu'elle doit mettre à ces grands dévouemens:

L'appareil des bûchers & leur magnificence,
Ne peut appartenir qu'à la fière opulence ;
Mais la Veuve du pauvre accompagne le mort,
Se couvre de fa terre & près de lui s'endort.
Même dans ces cantons, où la loi moins févère
Se relâche en faveur de l'Epoufe vulgaire,
Celle qui croit fortir d'un affez noble fang,
Reclame les bûchers comme un droit de fon rang.
Recule dans les tems, & vois dans l'Inde antique,
Combien l'on a brigué ce trépas héroïque.
Songe au fils de Porus ; remets-toi fous les yeux
Des Veuves de Cétéus le combat glorieux :
L'une, à qui de l'hymen aucun gage ne :efte,
Tire fon droit de mort d'un état fi funefte ;
L'autre, du gage même enfermé dans fon fein ;
Et celle que la Loi force à céder enfin,
Qui fe voit enlever le trépas qu'elle envie,
N'entend qu'avec horreur fa fentence de vie.
Tu les plains de mourir, toi qui connois nos Loix,
Ces victoires fur nous, ces maux de notre choix ;
Ici tout eft extrême : Hé ! vois nos Solitaires,
Des Fakirs, des Joghis les tourments volontaires.
Vois chacun d'eux dans l'Inde à fouffrir affidu,

L'un , le corps renverſé, dans les airs ſuſpendu,

Sur les feux d'un braſier pour épurer ſon ame ,

L'attiſer de ſes bras balancés dans la flamme ;

Les autres ſe ſervant eux-mêmes de bourreaux ,

Se plaire à déchirer tout leur corps par lambeaux ;

L'autre habiter un antre ou des déſerts ſtériles ,

Sous un Soleil brûlant pluſieurs vivre immobiles ;

Celui-ci ſur ſa tête entretenir les feux

Qui calcinent ſon front en l'honneur de nos Dieux.

Vois ſur le haut des monts le Bramine en prières,

Pour vaincre le ſommeil s'arracher les paupières ;

Quelques-uns ſe jetter au paſſage des chars ,

Ecraſés ſous la roue , & ſur la terre épars :

Tous abréger la vie & ſouffrir ſans murmure ;

Tous braver la douleur & dompter la Nature.

LE JEUNE BRAMINE.

Ah! du moins à ſouffrir aucun d'eux n'eſt contraint,

Ne gémit de ſes maux , & ne veut être plaint ;

Mais ici par l'honneur la femme eſt pourſuivie,

Il la force, en Tyran, d'abandonner la vie.

Pardonnez, j'avois cru qu'expoſés aux malheurs,

Sans appeller à nous la mort, ni les douleurs,

Ce devoit être aſſez pour la conſtance humaine,

De fupporter les maux que la Nature amène :

D'inexplicables Loix, par de fecrets liens,

Sur la terre ont uni les maux avec les biens ;

Mais de l'infecte à l'homme, on peut affez connoître,

Que le foin de foi-même eft l'inftinct de chaque Être.

Les Dieux comme immortels, & fur-tout comme heureux,

A tout Être fenfible ont infpiré ces vœux :

L'homme, l'homme lui feul, dans la Nature entière,

A porté fur lui-même une main meurtrière ;

Comme s'il étoit né fous des Dieux malfaifans,

Dont il dut à jamais repouffer les préfens.

Ah! la fecrette voix de ces Êtres auguftes,

Crie au fond de nos cœurs, foyez bons, foyez juftes;

Mais nous demandent-ils ces cruels abandons,

Ce mépris de nos jours, cet oubli de leurs dons ?

Cette haine de foi n'eft-elle point coupable?

Qui fe hait trop lui-même aime peu fon femblable :

Et le Ciel pourroit-il nous avoit fait la loi

D'aimer tous les humains, pour ne haïr que foi ?

SCENE III.

UN BRAMINE, LE GRAND ET LE JEUNE BRAMINES.

LE GRAND BRAMINE.

Hé bien ! qu'avez-vous su ? Cette Veuve fidelle
Aux mânes d'un époux se sacrifiera-t-elle ?
A-t-elle enfin promis ?

LE BRAMINE.

Même dès aujourd'hui
Elle va s'immoler & se rejoindre à lui.
Ses parens l'entouroient & ne l'ont point quittée ;
Mais leur voix ne l'a pas long-tems sollicitée :
De l'hymen qui l'engage elle sent le pouvoir ;
En apprenant sa perte, elle a vu son devoir.
La femme à nos bûchers, fière, ou pusillanime,
Ou s'avance en triomphe, ou se traîne en victime ;
Celle-ci, sans mêler par un bizarre accord
Les marques de la joie aux apprêts de sa mort,
Mais aussi sans gémir & sans être abattue,
Paroît à son trépas seulement résolue :

Quoique si jeune encor, d'un cœur ferme, dit-on,
Elle fait de sa vie un sublime abandon.

LE GRAND BRAMINE.

Je n'espérois pas moins ; & je vois sans surprise,
Sur-tout, dans ces momens, sa conduite soumise.
Le Siége avance, amis ; l'Européen jaloux,
Au métier des combats plus exercé que nous,
Plus habile en effet, ou plus heureux peut-être,
Dans nos remparts forcés est prêt d'entrer en maître :
De la loi des bûchers maintenons la rigueur,
Et qu'après la conquête elle reste en vigueur.
Cette Veuve bien-tôt se rendra-t-elle au Temple ?

LE BRAMINE.

Oui, vous allez la voir donner un grand exemple.
Tout le peuple s'empresse autour de ces lieux saints.

LE JEUNE BRAMINE.

Elle va donc mourir ! hélas ! que je la plains !
Brillante encor d'attraits, & dans la fleur de l'âge,
Ah ! qu'il est douloureux d'exercer ce courage,
Et d'éteindre au tombeau des jours remplis d'appas,
Que la Nature encor ne redemandoit pas !
Des usages ainsi l'innocence est victime ;
Ce n'est point seulement par la haine & le crime,

Que la cruauté règne, & proscrit le bonheur;

C'est sous les noms sacrés de justice, d'honneur,

De piété, de loix; la coutume bizarre

A sçu légitimer l'excès le plus barbare;

Et par un pacte affreux, le préjugé hautain

A soumis l'être foible au mortel inhumain.

Pour le bonheur commun, ils n'ont point sçu s'entendre:

Au lieu de s'entr'aider par l'accord le plus tendre,

Aux peines de la vie ils n'ont fait qu'ajouter:

Ils ont mis leur étude à se persécuter.

Non, les divers fléaux, tant de maux nécessaires,

Dont le Ciel, en naissant, nous rendit tributaires,

Dont l'homme ne peut fuir ni détourner les traits,

Ne sont rien près des maux que lui-même il s'est faits.

LE GRAND BRAMINE.

Entens une autre voix qui te parle & te crie:

Qu'attens-tu de ce monde? Est-ce là ta patrie?

Nous naissons pour les maux, n'en sois point abattu:

Apprens que sans souffrance il n'est point de vertu.

De Brama, dans ce Temple, entens la voix terrible:

Tu deviens sacrilége, & tu te crois sensible.

LE JEUNE BRAMINE.

Ah! si dans d'autres mains ici vous remettiez...

LE GRAND BRAMINE.

Vous êtes le dernier de nos initiés ;
C'eſt à vous au bûcher de guider la victime,
Et d'affermir encor le zèle qui l'anime.
Cet honneur vous regarde ; allez donc aux lieux ſaints
L'attendre, & ſuivre en tout mes ordres ſouverains.
La Loi veut, il ſuffit ; courbez-vous devant elle ;
Soyez humble du moins, ſi vous n'êtes fidèle.

(*Le jeune Bramine ſort.*)

SCENE IV.

UN BRAMINE, LE GRAND BRAMINE, UN OFFICIER DU GOUVERNEUR.

LE GRAND BRAMINE.

QUEL ſujet ſi preſſant vous amène vers nous?

L'OFFICIER.

L'ordre du Gouverneur.

LE GRAND BRAMINE.

Eh bien ! qu'annoncez-vous?

L'OFFICIER.

Il penſe, & vous prévient qu'il faut que l'on diffère
L'appareil du bûcher, pour ne pas ſe diſtraire
Du ſoin plus important de défendre nos murs;
Il croit que ces momens ſont déja trop peu ſûrs.
D'ailleurs, vous le voyez, ce Temple, votre aſile,
S'élève entre le Camp & les murs de la Ville;
Du bûcher allumé les feux étincelans,
Brilleroient de trop près aux yeux des aſſiégeans.
Le Gouverneur craindroit une cérémonie,
Qui de l'Européen révolte le génie.

LE GRAND BRAMINE.

Allez, dans un moment je vais l'entretenir.

SCENE V.

LE GRAND BRAMINE ET LES BRAMINES.

LE GRAND BRAMINE, *aux Bramines.*

Attendre! différer ce qu'il faut maintenir!
Quel eft donc fon deffein? quand on craint la conquête,
A conferver nos mœurs eft-ce ainfi qu'on s'apprête?
De fa fauffe prudence il faut nous défier,
Lui-même à mon deffein je le vais employer.
Oui, quoique dans ce jour le Gouverneur propofe,
De Brama fur ces bords foutenons mieux la caufe,
Loin que le Sacrifice en ces lieux attendu,
Pour le Siége un moment doive être fufpendu.
Ah! n'eft-ce pas plutôt par de tels facrifices,
Qu'il faut à nos Guerriers rendre les Dieux propices?
Cet ufage établi par la néceffité,
Par la Religion fut encore adopté,
Et la Loi des Bûchers une fois rejettée,
Où s'arrêteroit-on? Une Coutume ôtée,
L'autre tombe; nos droits les plus faints, les plus chers,
Nos honneurs font détruits, nos temples font déferts;

Plus la Coutume eſt dure & plus elle eſt puiſſante r
Toujours devant ces Loix de mort & d'épouvante,
Les Peuples étonnés ſe ſont courbés plus bas :
Si ces étranges mœurs n'étoient dans nos climats,
Quel reſpect auroit-on pour le Bramine auſtère?
Des maux qu'il s'impoſa la rigueur volontaire
Seroit traitée alors de démence & d'erreur;
Mais quand d'autres mortels, imitant ſa rigueur,
Portent l'enthouſiaſme à des efforts ſuprêmes,
Et ſavent comme nous ſe renoncer eux-mêmes,
Alors le Peuple admire, il adore & frémit;
L'ordre naît, l'encens fume & l'autel s'affermit.

Fin du premier Acte.

ACTE II.

ACTE II.

SCENE PREMIÈRE.

LA VEUVE, FATIME.

FATIME.

Madame! à quelle Loi vous êtes-vous soumife?
Je frémis d'y penfer!

LA VEUVE.

Reviens de ta furprife.
Tu naquis dans la Perfe, & fous un ciel plus doux,
Tu conçois peu les mœurs que tu vois parmi nous.
Mais, Fatime, à fon fort Lanaffa dut s'attendre :
Dans ces tombes de feu d'autres ont fçu defcendre ;
Je n'en puis être exempte, & ces murs, ces rochers
Sont noircis dès longtemps par les feux des bûchers.

FATIME.

Votre malheur m'accable, & vous femblez tranquille.

B

LA VEUVE.

Mon Epoux ne vit plus ; de la terre il m'exile.

FATIME.

Les regrets qu'il vous laisse ont-ils pu dans ce jour,
Jusques-là de la vie éteindre en vous l'amour ?
Qu'importe à votre Epoux, à son ombre insensible,
De vos ans les plus beaux le sacrifice horrible,
Autant que vous l'aimiez, s'il vous aimoit, hélas !
Auroit-il exigé ?...

LA VEUVE.

Tu ne m'entendois pas :
L'honneur est mon tyran, il asservit mon ame ;
Ou vivre dans la honte, ou mourir dans la flamme,
Je n'ai point d'autre choix ; c'est la loi qu'on nous fit.

FATIME.

Elle est injuste, affreuse.

LA VEUVE.

Elle existe, il suffit.

FATIME.

Comment a-t-on souffert cette loi meurtrière ?
Quelle femme assez foible y céda la première,

Et prit sur le bûcher de son barbare époux,

Ce parti de douleur, embrassé jusqu'à vous ?

L'Epoux traîne à la mort son Epouse fidelle ;

Mais lui, lorsqu'il survit, s'immole-t-il pour elle ?

Au-delà du tombeau, lui garde-t-il sa foi ?

Quel droit de vivre a-t-il, que d'avoir fait la loi ?

Sans peine il l'imposa sur un sexe timide,

Tandis qu'il s'affranchit de ce joug homicide.

LA VEUVE.

Je renonce à la vie, ainsi le veut l'honneur.

Hélas ! j'ai renoncé dès long-tems au bonheur ;

Tu vois ma destinée & ma douleur profonde :

Lanassa n'a connu que des malheurs au monde.

Le veuvage & l'hymen, tout est affreux pour moi.

FATIME.

Qu'entens-je ? ma surprise égale mon effroi.

Hé quoi ! dans votre hymen vous n'étiez point heureuse !

LA VEUVE.

Non, tu ne connois pas mon infortune affreuse.

FATIME.

Au fond de votre cœur, quel désespoir j'ai lu !

Vous me cachez vos pleurs !

B 2

LA VEUVE.

Le Ciel n'a pas voulu...

FATIME.

Parlez : quelle douleur trop long-tems renfermée ?...

LA VEUVE.

Fatime, il est trop vrai, j'aimois, j'étois aimée.
Jour sinistre, où du Gange abandonnant les Ports,
Nous partimes d'Ougly pour habiter ces bords.
Vaisseau non moins funeste, où le sort qui m'accable
M'offrit, pour mon malheur, un Guerrier trop aimable.
Tu viens de m'arracher le secret de mes pleurs,
Je t'ai trop découvert l'excès de mes douleurs.
Malheureuse ! pourquoi dans les mœurs Malabares,
Tous les Européens nous semblent-ils barbares ?
Fatime, ah ! que mon père avec un étranger,
Sans violer nos loix, n'a-t-il pû m'engager !
Ou pourquoi força-t-il sa fille infortunée
A former les liens d'un cruel hymenée ?

FATIME.

Grands Dieux ! Et votre époux vous immole aujourd'hui !
Quoi ! vous ne l'aimiez point, & vous mourez pour lui !
Son trépas rompt le cours de vos jeunes années ;

Il dévore en un jour toutes vos deſtinées:
Votre bûcher dreſſé ſous cet horrible Ciel,
Va ſervir de trophée aux mânes d'un cruel.
Le ſort vous en délivre , & ſa faveur eſt vaine!

LA VEUVE.

Ta plainte l'eſt bien plus.

FATIME.

Vous redoublez ma peine.

Mais où vit votre amant ?

LA VEUVE.

J'ignore ſon deſtin ;
Mais je ſçais qu'il m'aima, qu'il deſira ma main,
Qu'il me fut arraché, qu'il fallut me contraindre,
Etouffer un amour que je ne pus éteindre,
Que ce fatal amour, vainement combattu,
Malgré moi ſe réveille, & trouble ma vertu.
Dans tout autre pays, hélas! ſi j'étois née,
Je ceſſois d'être eſclave, & d'être infortunée:
Celui qui m'eût contraint à paſſer dans ſes bras,
M'auroit laiſſée au moins libre par ſon trépas;
J'aurois eû quelque eſpoir, fût-il imaginaire,
De retrouver un jour celui qui m'a ſçu plaire.

B 3

Et cette illusion, soulageant mon ennui,

M'eût encor tenu lieu du bonheur d'être à lui.

Aujourd'hui, tout m'accable & tout me désespère;

Mes vœux, mes souvenirs, une image trop chère,

L'hymen qui m'enchaîna, le nœud qui m'étoit dû,

Et ce que j'ai souffert, & ce que j'ai perdu;

Pour celui que j'aimois, lorsque je n'ai pu vivre,

C'est un autre au tombeau qu'en ce jour je vais suivre:

Je meurs, c'est peu, je meurs dans un affreux tourment,

Pour rejoindre l'époux qui m'ôta mon amant.

FATIME.

Ah! que m'apprenez-vous?

LA VEUVE.

> J'en ai trop dit, Fatime.

Excuse, époux cruel, excuse ta victime,

Ce cœur toujours soumis, quoique tyrannisé,

Suit l'étrange devoir par ta mort imposé;

Je ne balance point à mourir sur ta cendre,

N'exige point de moi de sentiment plus tendre.

Si tu fis mes malheurs, qu'il te suffise, hélas!

Que je te sois fidelle au-delà du trépas:

Je t'ai fait de ma vie un premier sacrifice,

Qui de ma mort peut-être égale le supplice :
J'ai pendant mon hymen dévoré mes ennuis,
Et la plainte est permise à l'état où je suis.

FATIME.

Après un tel hymen, quel étrange partage !

LA VEUVE.

Si tu m'aimes encor, laisse-moi mon courage,
J'en ai besoin, Fatime, & n'ai plus d'autre bien.
Mais ne révèle point ce funeste entretien :
Ah ! j'attaste le Ciel, que j'aurois avec joie
Subi pour mon amant la mort où l'on m'envoye,
Et qu'on m'eut vue alors, perdant tout sans retour,
Sans consulter l'honneur, m'immoler à l'amour.
Du moins celui, Fatime, à qui je fus ravie,
N'est pas témoin des maux qui terminent ma vie ;
Il ne sçaura jamais, je meurs dans cet espoir,
Ce que m'aura coûté mon funeste devoir.

FATIME.

Ciel ! je vois de ce Temple avancer un Ministre ;
Je lis la cruauté dans son regard sinistre.

S C E N E II.

LE JEUNE BRAMINE, LA VEUVE, FATIME,

FATIME, *au jeune Bramine.*

Hé bien! qu'annoncez-vous? Sans doute le trépas,
Le deuil & la terreur accompagnent vos pas :
Venez-vous reclamer une affreuse promesse?
Venez-vous de mes bras arracher ma maitresse?

LA VEUVE,

Laisse-nous.

S C E N E III.

LE JEUNE BRAMINE, LA VEUVE,

LE JEUNE BRAMINE.

Je reçois ainsi des deux côtés
Des reproches cruels & si peu mérités,
Vous me croyez, Madame, inhumain, inflexible,
Tandis qu'à notre Chef je parois trop sensible,

Ses regards attachés au séjour éternel,

Semblent ne plus rien voir dans le séjour mortel ;

Et devant les objets que les Cieux lui retracent,

Les peines de ce monde & la pitié s'effacent :

Je ne m'en défends point, je suis trop loin de lui ;

Je sens que je suis né pour souffrir dans autrui,

J'obéis à mon cœur, & quand je le consulte,

Je ne crois point trahir mon pays, ni mon culte ;

Mais sur mes sentimens quel douloureux effort !

C'est moi qui dois, grands Dieux ! vous conduire à la mort.

Moi qui rempli d'horreur pour ce barbare office,

Renverserois plutôt l'Autel du sacrifice,

Cet odieux bûcher, le premier qu'en ces lieux

Une aveugle Coutume aura mis sous mes yeux.

Hélas ! plus je vous vois, plus mon ame attendrie

Répugne à cet arrêt qui vous ôte la vie.

LA VEUVE.

Quel est cet intérêt qui vous parle pour moi ?

Est-ce à vous dans ce Temple à montrer tant d'effroi ?

Comment à ces Autels celui qui se destine,

Prend-t-il l'engagement sans l'esprit du Bramine ?

Ou comment né sensible, est-on associé

A des cœurs qui font vœu d'étouffer la pitié ?

LE JEUNE BRAMINE.

Hélas ! de ses destins quel mortel est le maître !
Je fus infortuné du jour qui me vit naître.
Faut-il que le mortel qui prévint mon trépas,
M'ait ici du Bengale apporté dans ses bras :
Faut-il avoir si-tôt, pour voir votre misère,
Perdu l'infortuné qui m'a servi de père.
Orphelin par sa mort, à moi-même livré,
Dans ces murs, dans ce Temple à peine suis-je entré,
Je trouve donc par-tout un usage sinistre ;
J'échappe à l'un, de l'autre on me fait le Ministre.

LA VEUVE.

Hé ! qui vous poursuivoit ?

LE JEUNE BRAMINE.

L'usage meurtrier,
Qui trois jours fait suspendre aux branches d'un palmier,
Tout enfant nouveau-né dont la lèvre indocile
Fuit le premier soutien de son être fragile ;
Qu'il refuse le sein par trois fois présenté,
Dans les ondes du Gange il est précipité.
J'allois périr ! Où vont mes plaintes importunes ;
Je ne dois m'attendrir que sur vos infortunes,

Et c'est de mes malheurs que je vous entretiens.

LA VEUVE.

Le récit de vos maux vient d'ajouter aux miens.
De ma famille, ô Ciel! quelle est la destinée!
Loin de ces tristes bords, aux lieux où je suis née,
Au tems dont vous parlez, un des miens moins heureux,
Fut proscrit sans pitié par cet usage affreux.
Je vais être à mon tour d'un autre usage étrange,
Victime au Malabar, comme lui sur le Gange,
Et nous aurons péri dans des lieux différens,
Mon frère à son aurore & moi dans mon printems.

LE JEUNE BRAMINE.

Votre frère, Madame, il périt au Bengale.
Telle étoit dans Ougly mon étoile fatale.

LA VEUVE.

Dans Ougly! quel rapport!

LE JEUNE BRAMINE.

C'est-là que je suis né.

LA VEUVE.

C'est-là que pour souffrir le jour me fut donné.

LE JEUNE BRAMINE.

Hé! qui donc êtes-vous?

LA VEUVE.

Lanaffa fut mon père.

LE JEUNE BRAMINE.

Ah! ma sœur!

LA VEUVE.

Dieux!

LE JEUNE BRAMINE.

Embraffe & reconnois ton frère.

LA VEUVE.

Toi, mon frère! ô furcroît de rigueur dans mon fort!
Je t'ai donc reconnu quand je vais à la mort.
Où fommes-nous? ah! Dieux!

LE JEUNE BRAMINE.

Le Ciel fe manifefte,

LA VEUVE.

En quel jour nous rejoint la colère célefte!
Ah! cruel! dont le fort vient de m'être éclairci,
Rends-moi cet inconnu qui me plaignoit ici.

LE JEUNE BRAMINE.

Que me dis-tu?

LA VEUVE.

Vois donc, vois quelle eſt ma miſère!
Tu dois vouloir ma mort ſi tu naquis mon frère.

LE JEUNE BRAMINE.

Moi! vouloir ton trépas? quel délire! ah! ma ſœur!

LA VEUVE.

Si je le ſuis, commence à me fermer ton cœur.
Le frère exhorte ici la ſœur au ſacrifice;
Mon honneur & le tien veulent qu'il s'accompliſſe.
Ma famille t'attend autour de mon bûcher;
Il ne t'eſt plus permis de te laiſſer toucher.
Le droit du ſang n'eſt rien, tu dois être barbare,
Ce qui rapproche ailleurs, eſt ce qui nous ſépare,
L'ordre de la Nature eſt renverſé pour nous:
Et de frère & de ſœur les noms toujours ſi doux,
Perdent entre nous deux leur charme, leur empire,
Se tournent contre nous & veulent que j'expire.

LE JEUNE BRAMINE.

Mes yeux ſont deſſillés, je te dois mon ſecours;
Je ne connois plus rien que le ſoin de tes jours.

Que m'importent vos Loix? Que me fut votre usage?
De tout braver pour toi je me sens le courage;
Tu m'opposes en vain l'exemple des cruels,
Qui, pour hâter ta mort, t'assiégent aux Autels;
Tu l'as vu, de ta fin la douloureuse attente,
Quoique étranger pour toi, me glaçoit d'épouvante,
Et cette humanité dont j'écoutois la voix,
Mêlée au cri du sang auroit perdu ses droits!
Si l'homme a sur ces bords renversé la Nature,
Rétablissons pour nous la Loi qu'il défigure:
Non, ce n'est pas à moi, sans doute, après mon sort,
A devoir respecter des Coutumes de mort.
Si j'ai pensé jadis périr loin de ces plages,
Victime comme toi des barbares usages,
De malheurs entre nous cette conformité,
Va, ne me permet point l'insensibilité.
Je ne suis point ce frère inflexible & barbare,
Qu'endurcissent nos mœurs, que la démence égare;
Je suis par la Nature un cœur simple entrainé,
Je suis le frère enfin que le Ciel t'a donné.

LA VEUVE.

Ta sensible amitié me rend, ô mon cher frère!
Le jour plus désirable & ma fin plus amère,

Crois qu'il m'en coûte aſſez dans mes vives douleurs,
Pour combattre le ſang, ma tendreſſe & tes pleurs:
Mais que ſert en ce jour qu'une ſœur te revoye?
J'appartiens à la mort qui reclame ſa proye;
De ton cœur attendri vois mieux l'illuſion,
Changeras-tu l'uſage ou bien l'opinion?
Si j'évite la mort, la honte eſt mon partage,
Et de ma lâcheté ton opprobre eſt l'ouvrage;
Plus je te fuis & moins tu te dois attendrir,
Moins tu dois balancer à me laiſſer mourir:
Les miens vont te forcer à te mettre à leur tête.

LE JEUNE BRAMINE.

Qu'oſes-tu m'annoncer?

LA VEUVE.

Viens, ſuis mes pas.

LE JEUNE BRAMINE.

Arrête,

LA VEUVE.

De ta douleur ſans fruit veux-tu donc m'accabler?

LE JEUNE BRAMINE.

Quoi! tant de fanatiſme a-t-il pu t'aveugler?

LA VEUVE.

La honte que je crains peut-elle être bravée?

LE JEUNE BRAMINE.

Dois-je me plaindre au Ciel de t'avoir retrouvée?

LA VEUVE.

Sois aujourd'hui mon frère en me laissant mon sort.

LE JEUNE BRAMINE.

Cesse d'être ma sœur si ce nom veut ta mort.
Attends du moins, attends d'un esprit plus tranquille,
Que la guerre ait fixé le sort de notre Ville,
Et que ce droit qu'ici tu crois avoir perdu,
Ce droit de vivre, enfin, te puisse être rendu.

LA VEUVE.

Et si l'Européen succombe sous nos armes,
J'aurai donc laissé voir ma foiblesse & mes larmes?
Et pour en avoir cru ta douleur au hasard,
Je n'en mourrois pas moins & je mourrois trop tard!
Si je tarde d'un jour je perds mon sacrifice,
Au lieu d'un dévouement, ma mort n'est qu'un supplice.
J'ai promis, en un mot : je ne puis désormais,
Sans me déshonorer, recourir aux delais,

Et

Et d'une mort enfin que la gloire eût suivie,
Je paroîtrois indigne autant que de la vie.

LE JEUNE BRAMINE.

Hé bien ! ma sœur, hé bien ! terminons ce débat,
Change de destinée en changeant de climat ;
Ces effroyables mœurs parmi nous consacrées,
Ce devoir que tu fuis ne tient qu'à nos Contrées ;
Fuyons l'Inde, & si loin que de féroces Loix
Ne puissent jusqu'à nous faire entendre leur voix :
Nous n'avons, de tes jours pour ne rendre aucun compte,
Qu'à mettre l'Océan entre nous & la honte.
Contre l'opinion dans des climats plus doux,
Il est, si tu le veux, des aziles pour nous :
Là nous suivrons ces mœurs à jamais conservées,
Que chez tous les humains la Nature a gravées,
Ces vrais devoirs sentis & non pas convenus,
Immuables par-tout, & par-tout reconnus,
Loix que le Ciel, non l'homme, à la terre a prescrites,
Et qui n'ont ni les tems, ni les mers pour limites.

LA VEUVE.

De quel frivole espoir ton cœur est animé !
Comment quitter ces bords ? l'Univers m'est fermé :
Si tu veux m'arracher à ce climat funeste,

C

Empêche donc qu'auffi ma mémoire n'y refte,

Qu'elle n'y refte infâme ; empêche fur ce bord

Que ma famille entière, à qui je dois ma mort,

N'ofant lever les yeux, & jamais confolée,

Dans fon propre pays ne fe trouve exilée ;

Que vengeant mon Epoux, un peuple furieux

Ne me laiffe en partant fes clameurs pour adieux,

Et qu'une telle image attachée à ma fuite,

Ne me fuive par-tout où tu m'aurois conduite.

LE JEUNE BRAMINE.

Pourfuis, refpecte encore une homicide Loi,

Crains l'époux comme un Dieu prêt à tonner fur toi.

Hélas ! moi feul des tiens je t'aime & je te refte,

Je ne te fuis connu que de ce jour funefte ;

De l'horreur de ton fort ton frè e a beau fouffrir,

Non, cruelle ! il n'a pas le droit de t'attendrir ;

Mais j'ai celui du moins, dans ce péril extrème,

D'ofer te fecourir contre ton aveu même.

Tu me parles d'honneur ! le mien eft de quitter

Ces profanes Autels que je dois détefter ;

J'y vais refter encor pour te fauver la vie ;

Mais une fois ici mon attente remplie,

Il n'eft mer, ni défert, ni climat fi lointain,

Qui me fépare affez de ce Temple inhumain.

SCENE IV.

LA VEUVE, *seule.*

QUEL est donc son projet? que va-t-il entreprendre ?
Des soins de sa tendresse aurois-je à me défendre ?

SCENE V.

LA VEUVE, FATIME.

FATIME.

AH! Madame! une trève avec ces Etrangers
Arrête le carnage & suspend les dangers;
Il est vrai qu'on la borne au cours d'une journée;
Mais j'en ai plus d'espoir, plus la trève est bornée,
Dans nos murs la terreur & le trouble est par-tout,
Et sans doute à céder l'Indien se résout.
Le Général François, sans dépouiller l'audace,
Avec le Gouverneur traite devant la Place,
Et le ton dont il parle annonce qu'au plutôt
La Ville doit se rendre ou s'attendre à l'assaut.

C 2

Et prête à voir changer la Loi qui vous accable,
Vous précipiteriez votre fin déplorable!
Vous n'en pouvez douter, Madame, vous vivrez
Du moment qu'aux François ces murs seront livrés.
Mais quel trouble nouveau vous presse & vous domine ?
Sans doute l'entretien de ce jeune Bramine,
Qui dans la fleur des ans porte un cœur si cruel,
Jette dans votre esprit ce désespoir mortel.

LA VEUVE.

Ah ! tu ne connois pas. . . . cache bien ce mystère ;
Fatime, qui l'eût crû ! ce Bramine est mon frère,
Oui, je l'ai retrouvé dans ce Temple de mort ;
Il vit pour s'opposer aux rigueurs de mon sort.

FATIME.

Et vous voulez mourir dans d'horribles souffrances ;
De vos autres parens les barbares instances,
L'emportent dans ce cœur tristement affermi,
Un frère en vain vous aime !

LA VEUVE.

Hélas ! j'aurois gémi
De marcher au bûcher conduite par un frère,
Et je gémis de voir qu'il cherche à m'y soustraire :

Dénaturé, Fatime, il m'eût percé le cœur;

Sensible, il me déchire, il veut mon déshonneur;

Telle est ici ma gloire & cruelle & bisarre,

Qu'il en est l'ennemi pour n'être point barbare.

N'étoit-ce point assez qu'il me fallût bannir

De mon ame attendrie un trop cher souvenir,

Sans avoir à combattre encor dans ma misère,

La voix de la Nature & les secours d'un frère?

FATIME.

Hé! pourquoi vous tracer sous de noires couleurs

Ce qui peut au contraire abréger vos malheurs?

Pourquoi désespérer? tout vous presse de vivre,

La trêve qu'en ces lieux la conquête peut suivre,

Un frère retrouvé; le dirai-je! un espoir

Plus cher à votre cœur & qu'il peut concevoir.

Hé! qui sçait, dans le Camp s'ils n'ont pas connoissance

De cet Européen dont vous pleurez l'absence?

LA VEUVE.

Je sçaurois son destin!.... Dieux! quel espoir m'a lui!

Heureuse Lanassa! tu pourrois aujourd'hui!...

Mon ame en ces moments ouverte à l'espérance,

Chancelle en son dessein & perd de sa constance.

C 3

Moi, je m'immolerois, quand pouvant être à moi
Il me conferveroit fon amour & fa foi?
Moi, libre déformais d'un funefte hymenée,
Maitreffe de ma vie & de ma deftinée?...
Fatime, où m'égaré-je? Ai-je donc oublié?...
Quel fonge vient m'offrir ton aveugle amitié!
A quel efpoir trompeur ton zèle me rappelle!
Tu veux me confoler? tu m'accables, cruelle!
L'inéxorable honneur tient mon cœur engagé;
Pour être fufpendu, mon fort n'eft point changé.
Refpecte en ces moments ma conftance, ma gloire,
Ma réfolution, enfin, laiffe-moi croire,
Affure-moi plutôt que ce jeune François,
A mon amour, à moi, fût ravi pour jamais;
Epargne-moi le trouble où fon feul nom me jette,
Qu'il ignore mon fort, & je meurs fatisfaite.

Fin du fecond Acte.

ACTE III.

SCENE PREMIÈRE.

LE GÉNÉRAL FRANÇOIS, UN OFFICIER FRANÇOIS.

LE GÉNÉRAL.

LA Trève que je viens d'accorder à la Ville,
A nos Guerriers ici laisse un accès facile;
Hors des murs ce parvis & ce Temple bâtis
Sont un lieu de franchise ouvert aux deux Partis.
La foi de l'Indien ne peut m'être suspecte,
Et la guerre a des loix que par-tout on respecte.

L'OFFICIER.

Je sçais que de ce Temple à Brama consacré,
L'honneur a fait pour nous un asyle assuré;
Mais par le Gouverneur la trève demandée,
Seulement pour un jour, lui vient d'être accordée.

C 4

Un jour fuffira-t-il pour enlever les corps

Des Guerriers malheureux qu'ont vu périr ces bords,

Indiens ou François, victimes du carnage,

Sans fépulture encor fur ce trifte rivage?

LE GÉNÉRAL.

En mettant à la trève un terme auffi prochain,

En menaçant ces murs de l'affaut pour demain,

Je fers les Affiégés, & pour eux je profite

Des extrêmités même où leur Ville eft réduite.

Déja de trop de fang ce rivage eft baigné,

Sauvons celui du moins qui peut être épargné.

Quelqu'avantage, ami, qu'on cherche dans la guerre,

Compenfe-t-il les maux qu'elle apporte à la terre?

A regret cependant, je vois ce Peuple entier,

En Efclave affervi par le Bramine altier;

Son art eft d'échauffer les efprits en tumulte,

Et de les allarmer fur les mœurs, fur le culte;

Je les ai raffurés : ils ont fçu que mon Roi,

En m'envoyant vers eux, n'exige que leur foi,

Qu'il n'eft rien dans leurs Loix qu'il veuille qu'on renverfe,

Qu'il ne veut feulement, pour les foins du Commerce,

Qu'un Port, où fes Vaiffeaux partis pour l'Indoftan,

Puiffent fe repofer fur le vafte Océan.

Mais apprends fur ces bords quel autre foin m'amène,
Que j'aime, que j'adore une jeune Indienne ;
Que trois ans font paffés, depuis qu'en ces climats,
Un Voyage entrepris me fit voir tant d'appas ;
Que dans ces mêmes murs, malgré l'ufage auftère,
Je la vis quelquefois de l'aveu de fon père ;
Que je lui plûs, qu'épris du plus ardent amour,
Je conçus le projet de l'époufer un jour ;
Que je vis vers moi feul fa jeune ame entraînée,
Du moins avec tout autre éluder l'hymenée ;
Qu'en France rappellé par les lettres des miens,
Je partis éperdu, j'emportai mes liens,
Et que fi j'ai brigué l'honneur de l'entreprife,
Par qui cette Cité nous doit être foumife :
Ce fut encore, ami, pour revoir un féjour,
Où j'étois en fecret rappellé par l'amour.
Mais c'eft trop t'arrêter, cours, informe-toi d'elle ;
Son nom eft Lanaffa ; j'attends tout de ton zèle.

L'OFFICIER.

Mais au fein de ces murs il faudroit pénétrer,
Par les loix de la guerre on n'y fauroit entrer :
Comment puis-je favoir ? ....

LE GÉNÉRAL.

Même hors de la Ville
Tu peux t'en informer, & c'est un soin facile ;
Va, ne perds point de tems pour en être éclairci,
Il suffira pour toi de la nommer ici,
La caste dont elle est, dans l'Inde est la première,
Et met avec son nom ses destins en lumière.

(*L'Officier sort.*)

SCENE II.

LE GÉNÉRAL FRANÇOIS, *seul.*

Toi que le Ciel dérobe encore à mes regards,
Ma chère Lanassa ! vis-tu dans ces remparts ?
As-tu pu rester libre ? Un cruel hymenée,
Sous son joug, malgré toi, t'auroit-il enchaînée ?
Pardonne, ô mon Pays, si je donne en ce jour
Parmi les soins guerriers, un moment à l'amour.
Pardonne, Lanassa, si troublant ton azile,
Je viens porter la flamme & le fer dans ta Ville ;
Plains-moi sans me haïr ; les ordres de mon Roi,
L'honneur même aujourd'hui me fait voler vers toi.

SCENE III.

LE GÉNÉRAL FRANÇOIS, UN OFFICIER FRANÇOIS.

LE GÉNÉRAL.

HÉ bien ! quel eft fon fort & que viens-tu me dire ?
Sçais-tu fi Lanaffa ? . . .

L'OFFICIER.

Je n'ai pu m'en inftruire.

LE GÉNÉRAL.

Qui peut donc t'arrêter ?

L'OFFICIER.

Un fpectacle d'horreur,
Que du cruel Bramine apprête la fureur ;
Le Peuple dont la foule inonde ce rivage,
De tout autre chemin m'a fermé le paffage.

LE GÉNÉRAL.

Comment ! explique toi, parle ?

L'OFFICIER.

En ces mêmes lieux,
Seigneur, le croirez vous? dans une heure, à nos yeux,
Ciel! une Veuve au gré de leur féroce attente,
Dans des feux dévorants va se plonger vivante.
La Coutume l'ordonne & soutient sa vertu;
Elle suit son époux....

LE GÉNÉRAL.

Ah! Dieu! que me dis-tu?

L'OFFICIER.

Dans le Temple déja la victime est entrée;
Cette Cérémonie effroyable & sacrée
Est une Fête aux yeux de ce Peuple insensé,
Qui croit voir un Autel dans le bûcher dressé.
Les riches ornements dont la Veuve se pare
Avant que de marcher à cette mort barbare,
L'or & les diamants, les perles, les rubis,
Dont le pompeux éclat relève ses habits,
Offrande à ces Autels, & butin du Bramine,
N'entretiennent que trop la soif qui le domine;
C'est le triomphe ici de la cupidité,
Celui du fanatisme & de la cruauté.

LE GÉNÉRAL.

Et la Religion consacre leur furie!

Nous pourrions, nous, François, souffrir leur barbarie?

Elle iroit à la mort & j'en serois témoin?

L'OFFICIER.

Pardonnez, si par vous chargé d'un autre soin....

LE GÉNÉRAL.

Oublions mon amour, l'humanité m'appelle,

Ces moments sont trop chers, sont trop sacrés pour elle,

De ma défense, ami, l'infortune a besoin,

Voler à son secours, voilà mon premier soin.

Et j'atteste le Ciel & ce cœur qui m'anime,

Que je vais tout tenter pour sauver la victime.

Viens, courons, suis mes pas.

L'OFFICIER.

Hé! que prétendez-vous?

Que pouvons-nous pour elle? & quels droits avons-nous

Comment du fanatisme écarter les injures?

SCENE IV.

LE GRAND BRAMINE, *suivi de ses Bramines,*
LE GÉNÉRAL FRANÇOIS, LES DEUX
OFFICIERS FRANÇOIS.

LE GRAND BRAMINE.

SUPERBE Européen, quels font donc ces murmures!
De l'Epoux qui n'est plus cet hommage attendu,
Ce digne Sacrifice est presque suspendu!
Au mépris de la trève on répand les allarmes,
Les tiens même ont parlé de courir à leurs armes!
Sans respect pour le Temple, en ce parvis sacré,
En tumulte par eux je viens d'être entouré.

LE GÉNÉRAL.

Ah! je les reconnois au vœu qui les enflamme!

LE GRAND BRAMINE.

Tu leur donnois cet ordre!

LE GÉNÉRAL.

Il étoit dans leur ame.
Cours, suspends en mon nom les transports des François,
Qu'ils n'entreprennent rien, ils feront satisfaits.

SCENE V.

LE GÉNÉRAL FRANÇOIS, LE GRAND BRAMINE.

LE GÉNÉRAL.

BARBARE, il est donc vrai, ces mœurs abominables
Que les Européens traitent encor de Fables,
Tant ils ont peine à croire à leur férocité,
C'est toi qui les maintiens par ton autorité!
Des Temples protecteurs les enceintes tranquilles,
Aux malheureux Mortels doivent servir d'aziles;
Les Ministres des Cieux sont des Anges de paix,
Il ne doit de leurs mains sortir que des bienfaits :
C'est par l'heureux emploi de consoler la terre,
Qu'ils honorent le Temple & leur saint Ministère,
Et que le Sacerdoce auguste & respecté,
Sans crime avec le trône entre en rivalité.
Er toi honte des Dieux qu'ici tu représentes,
Ne levant vers le Ciel que des mains malfaisantes!
Tu fais des cruautés une Loi de l'Etat,
Et l'appanage affreux de ton Pontificat!

C'eſt au pied des Autels que les bûchers s'allument,
Qu'on livre la victime aux feux qui la conſument;
Des Prêtres ont ouvert ces horribles tombeaux !
L'encenſoir eſt ici dans la main des Bourreaux !
Ainſi donc, d'un œil ſec tu verras une femme
S'élancer à ta voix dans des gouffres de flamme !
Ton oreille entendra les cris de ſa douleur !
Je ne la connois point, je connois ſon malheur,
Je connois la pitié; mon cœur eſt né ſenſible
Autant qu'on voit le tien ſe montrer inflexible;
Dans l'excès des tourments elle eſt prête à périr,
Contre vos mœurs & toi je viens la ſecourir,
Déchirer le bandeau de cette erreur ſtupide,
Qui force en ces climats la Femme au ſuïcide,
Et faire dire un jour à la poſtérité,
Montalban, ſur ces bords, fonda l'humanité.

LE GRAND BRAMINE.

Quelle eſt donc ton audace?

LE GÉNÉRAL.

Apprends à nous connoître.

LE GRAND BRAMINE.

Es-tu vainqueur ici pour nous parler en maître?

LE

LE GÉNÉRAL.

Je parle en homme.

LE GRAND BRAMINE.

Et moi comme organe des Cieux ;
Comme un Prêtre, un Mortel inspiré par ses Dieux.

LE GÉNÉRAL.

Tes Dieux t'exciteroient à tant de barbarie !

LE GRAND BRAMINE.

Quel es-tu pour juger des mœurs de ma patrie,
Pour vouloir renverser & plonger dans l'oubli
Sur des siècles sans nombre un usage établi ?
Crois-tu déraciner de ta main foible & fière
Cet antique Cyprès qui couvre l'Inde entière ?

LE GÉNÉRAL.

J'y porterai la hache.

LE GRAND BRAMINE.

Et l'effort sera vain ;
Le tems autour de l'arbre a mis un triple airain.

LE GÉNÉRAL.

Dis autour de ton cœur : plus l'usage est antique,
Plus il est tems qu'il cesse, & plus, cœur fanatique,
Tu devrois commencer à sentir les remords
Qu'avant toi tes pareils n'ont point eûs sur ces bords.

D

Barbare! de quel nom faut-il que je te nomme?
Toi Prêtre! toi Bramine! & tu n'es pas même homme!
La douce humanité, plus instinct que vertu,
Ce premier sentiment qui ne s'est jamais tû,
Né dans nous, avec nous, & l'ame de notre être,
Ce qui fait l'homme enfin, tu peux le méconnoître!
De quel souffle, en naissant, fus-tu donc animé?
Quel monstre, ou quel rocher dans ses flancs t'a formé?
Tu n'as donc, malheureux, jamais versé de larmes!
De l'attendrissement jamais senti les charmes!
Il m'a fallu venir sur ces bords révoltans,
Pour t'apprendre qu'il est des cœurs compatissants.
Je te rends grace, ô Ciel! dont la voix tutelaire
M'appelloit dans ce Temple, ou plutôt ce repaire;
Tigres, j'arrêterai vos excès inhumains,
Vos infâmes bûchers par moi seront éteints.

LE GRAND BRAMINE.

Eteindras-tu l'amour? éteindras-tu le zèle,
Le courage fondé sur la baze immortelle
De la Religion qui confond dans ces lieux
Le respect de l'Epoux & le respect des Dieux?
Un généreux amour conservé dans les ames,
De la mort parmi nous fait triompher les Femmes;

Si de ce dévouement leur grand cœur est jaloux,

Crois-tu que nous soyons plus indulgens pour nous?

Sçais-tu pourquoi je suis le premier des Bramines?

Je parvins à ce rang par des chemins d'épines ;

J'ai déchiré ce sein de blessures couvert,

Sans courir à la mort, j'ai fait plus, j'ai souffert.

Quant à la Loi cruelle où la Veuve est soumise,

Autant que la raison, l'équité l'autorise.

Les Femmes autrefois, ne l'as-tu point appris?

Hâtoient par le poison la mort de leurs maris.

LE GÉNÉRAL.

Non, je ne te crois pas; ces Epouses fatales,

L'enfer ne les vomit qu'à de longs intervalles.

Le crime sur la terre est toujours étranger,

Comme tous les fléaux il n'est que passager ;

C'est le premier bourreau des cœurs dont il s'empare,

La Femme est moins cruelle, & toi seul es barbare.

Ecoute; vos bûchers, vos spectacles d'horreur,

N'ont que trop justement excité ma fureur,

Je marche dans ces lieux sur des monceaux de cendre,

De l'indignation je n'ai pu me défendre :

Mais songe que demain ces remparts sous nos coups,

Peut-être vont tomber, & la Ville être à nous.

Prends un peu de nos mœurs ; li tu n'es pas fenlible,
Ne fois pas inhumain , l'effort n'eft pas pénible ;
Trop sûr que tu dois l'ètre en ces funeftes lieux ,
Qu'on n'y feuffrira plus un ufage odieux :
De celles qu'opprimoit votre Loi meurtrière ,
Souffre au moins qu'aujourd'hui je fauve la dernière ;
Que dis-je ? applaudis-toi , quand je lui tends la main ,
Laiffe-là ta Coutume , il s'agit d'être humain.

LE GRAND BRAMINE.

Tu te flattes en vain que ton bras la délivre ,
Qu'affez lâche aujourd'hui pour confentir à vivre ,
Elle aille fous fes pieds difperfer fans remords
La cendre de l'époux qui l'attend chez les morts.
A-t-elle un père , un frère ? hé bien ! de la Nature
Leur jufte fermeté fait taire le murmure ;
A leur exemple ici fois donc moins effrayé ,
Ils domptent la Nature , étouffe la pitié.

LE GÉNÉRAL.

Oui, tyran ! je vois trop que ton ame inflexible ,
A toute émotion veut être inacceffible ;
Je vois trop dans ce Temple ouvert au préjugé ,
Ton endurciffement en fyftême érigé ;
Puifque rien ne fléchit ton cruel caractère ,

Ce que ma voix n'a pu, nos armes le vont faire,

Et l'Inde, malgré toi, verra marquer mes pas,

Par cette humanité que tu ne connois pas.

Je jure fur ce fer, ce fer que mon courage

Ne fçauroit employer pour un plus digne ufage,

Je jure dans ce Temple où tu répands l'effroi,

De fauver la victime & d'abolir ta Loi.

SCENE VI.

UN BRAMINE, LE GÉNÉRAL FRANÇOIS, LE GRAND BRAMINE.

UN BRAMINE.

LA Veuve a depouillé dans l'enceinte facrée

Les pompeux ornemens dont elle étoit parée,

On vous attend, on veut remettre entre vos mains

Les Offrandes.

LE GRAND BRAMINE.

Sortons.

LE GÉNÉRAL.

Arrêtez, inhumains !

Il n'eft point de moyens qu'en ces lieux je n'employe ;

Oui, dès ce moment même, il faut que je la voye.

LE GRAND BRAMINE.

Modère ce transport & quitte cet espoir;
Se souftraire aux regards, eft pour elle un devoir;
Jamais un Etranger ne peut approcher d'elle;
Et dans la folitude où ce moment l'appelle,
Des expiations, des foins religieux
Dérobent même encor fa préfence à nos yeux.

LE GÉNÉRAL.

Elle ne mourra point : malgré ton artifice,
Je fçaurai la fouftraire aux horreurs du fupplice.
Tyran d'un fexe foible ! ah! tu ne fçais donc pas
Combien il nous eft cher & dans tous les climats!
Nos Chevaliers François remplis du même zèle,
Mille fois en champ clos vengèrent fa querelle;
Même fans le lien des amoureux penchans,
Nous fauvâmes fa vie ou fa gloire en tout tems.

LE GRAND BRAMINE.

Et c'eft où je t'arrête; oui, c'eft fa gloire même,
Qui de mourir ici lui ffait la Loi fuprême.
Penfes-tu qu'oubliant tout ce qu'elle fe doit,
Pour l'intérêt de vivre, elle en perde le droit?
Elle a promis fa mort, la pitié qui te preffe
Ne peut rien fur fon ame & rien fur fa promeffe.

Loin de plaindre fon fort, admire fon grand cœur ;
Ne le foupçonne point de foiblelle ou d'erreur;
L'honneur engage enfin cette Epoufe fidelle :
Quand je te céderois, tu n'obtiendrois rien d'elle.

SCENE VII.

LE GÉNÉRAL FRANÇOIS, UN OFFICIER FRANÇOIS.

L'OFFICIER.

J'ACCOURS vers vous Seigneur; ah! fçavez-vous les vœux,
Les foins du Gouverneur & des complots affreux ?

LE GÉNÉRAL.

Précipiteroit-on cet appareil tragique ?

L'OFFICIER.

O fuperftition ! l'Indien fanatique
Ne demandoit la trève en ces funeftes lieux,
Que pour favorifer un fpectacle odieux,
Pour iaiffer au Bramine impunément barbare,
Le loifir d'artifer le bûcher qu'il prépare.

LE GÉNÉRAL.

J'apprêtois ce triomphe au Bramine endurci !
Pour la faire périr on me jouoit ainfi !

Ah! d'indignation tout mon cœur se soulève.

Retournons vers mon Camp, & que la guerre achève

De purger ces climats d'un Peuple aussi pervers,

Allons: les perdre, amis, c'est servir l'Univers....

Mais la trève subsiste, & ma foi n'est point vaine,

L'honneur me tient aussi dans sa funeste chaîne,

Et sa Loi tyrannique accable en même-tems

L'innocence qui souffre, & moi qui la défens.

Que je tienne à l'honneur, l'humanité murmure;

Que je veuille être humain, il faut être parjure;

Que dis-je? exterminer cette triste Cité,

Tout un Peuple, est-ce là servir l'humanité!

Non; du lâche Bramine & de son artifice,

J'ai peine à croire encor le Gouverneur complice,

De tant de perfidie il n'a pu se noircir;

Près de lui, sans tarder, courons nous éclaircir;

J'attends un autre soin de l'honneur qui l'anime:

Le nôtre est de défendre un sexe qu'on opprime.

Viens donc, & prévenant de féroces excès,

Servons les malheureux & montrons-nous François.

Fin du Troisième Acte.

ACTE IV.

SCENE PREMIERE.

LA VEUVE, *seule, vêtue de lin.*

VOILA donc mon destin! voilà donc mon partage!
J'achèverai de vivre à la fleur de mon âge.
Le Ciel me rend un frère, & c'est dans ces momens
Qu'il faut que je m'arrache à ses embrassemens;
Et je n'en puis goûter l'émotion si douce:
La Nature m'attire & l'honneur me repousse.
Une autre voix me charme & m'accable à son tour;
Victime de l'hymen, victime de l'amour,
Il me faut renfermer cette secrette flâme,
Ce profond sentiment qui maîtrise mon ame;
Et la mort dans le cœur, marcher le front serein
Au bûcher où m'entraîne un Époux inhumain.
Il semble à mes douleurs, que sa rigueur extrême,
Une seconde fois m'arrache à ce que j'aime.

Il a fait tous mes maux, & je dois aujourd'hui
Paroître heureuse encor de m'immoler pour lui;
Ma destinée entière est-elle assez cruelle!
O toi que j'adorai, toi qu'envain je rappelle,
Toi dont le souvenir si cher à mon amour,
M'aida dans mes ennuis à supporter le jour,
De tout ce que j'aimois sans retour séparée,
Par ta fatale absence au désespoir livrée,
Aide-moi maintenant à quitter sans effroi
Ce jour que Lanassa n'eût aimé que pour toi.

SCENE II.

LE GRAND BRAMINE, LA VEUVE.

LE GRAND BRAMINE.

LA parole, Madame, à vos parens donnée,
Ne laisse aucun retour à votre âme enchaînée.
Au sang dont vous sortez votre vertu répond;
Et si j'en crois la paix qu'on voit sur votre front,
Vous chérissez sans doute une promesse austère,
Qui ne vous permet plus un regard vers la terre.
Votre ame a déja pris, dans ses devoirs pressans,
Un courage au-dessus des révoltes des sens;
Elle s'élance aux Cieux, où pure & sans mélange,

Sa fource fût cachée avec celle du Gange.

Si vous quittez la vie & fes vaines douceurs,

Vous honorez nos Loix, vous confacrez nos mœurs;

Vous en raffermiffez les profondes racines;

Vous tranfmettez l'exemple à d'autres héroïnes;

Vous confervez l'honneur de ceux qui vous font chers;

Du bûcher vous règnez jufques fur les Enfers,

Et fi pour expier jufqu'aux moindres fouillures,

Votre époux eft tombé dans ces lieux de tortures,

Votre mort le rachète, & votre dévouement,

En un bonheur fans fin va changer fon tourment.

C'eft peu de joindre ici votre image aux Statues

De celles que l'effroi ni la mort n'ont vaincues;

Tandis que votre nom fur la terre vivra,

Du Pays Malabare aux fommets d'Efwara,

Dans des Aftres fereins vous rejoindrez ces Veuves,

Qui de la foi promife ont fçu donner ces preuves,

Et qui pour leurs Epoux n'ont pas cru dans le Ciel

Trop payer de leur mort un repos éternel.

LA VEUVE.

Sans fçavoir par quels biens un Dieu jufte répare

Les horreurs de la mort que la Loi me prépare,

Et fans vouloir chercher, par un foin fuperflu,

Quel fera mon deftin dans un monde inconnu,

Je me facrifierai, puifqu'enfin tout l'exige,

La Loi, l'honneur des miens, mon propre honneur; que dis-je

Le dégoût de la vie eft au fond de mon cœur;

Je ne reproche aux Dieux que leur trop de rigueur;

Hélas! en prononçant ma fentence mortelle,

Ils pouvoient m'accorder une fin moins cruelle,

Et s'ils vouloient ma mort à l'âge où je me voi,

En charger la Nature & non pas votre Loi.

J'aurois pu différer d'un an mon Sacrifice;

Mais j'ai craint des foupçons l'ordinaire injuftice,

J'ai craint que l'on n'ôfât, fur ce retardement,

Du refus de mourir m'accufer un moment.

Et puifque dans mon cœur j'étois déterminée

A fubir cette mort où je fuis condamnée,

J'ai mieux aimé courir au-devant du trépas,

Que de le voir vers moi s'avancer pas à pas.

Je ne fais qu'un feul vœu du fond de cet abîme,

C'eft d'être de l'honneur la dernière victime,

Et que l'humanité dont il bleffe les loix,

Reprenne en ces climats fon empire & fes droits.

LE GRAND BRAMINE.

Qu'ofez-vous fouhaiter? qu'avez-vous dit, Madame?

Etouffez un tel vœu dans le fond de votre âme.

L'humanité! foibleffe! impuiffance du bien,

Des Mortels corrompus chimérique lien!

Ce vœu trop indiscret dont votre ame est séduite,

De votre sacrifice affoiblit le mérite;

Mais je vous connois mieux, de vous-même jamais

Vous n'auriez pû former ces aveugles souhaits.

Ces fiers Européens, jusqu'en nos Esprits même

Ont soufflé le poison de leur lâche système;

Mais plus ces Etrangers nous infectant d'erreurs,

Veulent nous inspirer leur doctrine & leurs mœurs,

Plus il faut par l'éclat des exemples sublimes,

Combattre & repousser de funestes maximes:

D'une ame haute & ferme au-dessus de son sort,

Telle enfin que la vôtre, on attend cet effort.

Songez-en ces momens que l'Inde vous contemple,

Et de votre courage exige un grand exemple.

SCENE III.

LA VEUVE, seule.

OU fuir? où me sauver d'un horrible trépas?

La flâme me poursuit, je la vois sous mes pas,

Je la sens.... Que de maux avant de cesser d'être,

Dans quels affreux climats j'eus le malheur de naître?

SCENE IV.

LA VEUVE, LE JEUNE BRAMINE.

LE JEUNE BRAMINE.

J'ACCOURS vers toi, ma fœur, tu vas changer de fort ;
Connois mon efpérance & renonce à la mort.
Du Chef des afliégeans la généreufe envie,
Auprès du Gouverneur hautement t'a fervie.
Tu vivras, il l'exige ; un Dieu confolateur,
De ce vaillant Guerrier fait ton libérateur.

LA VEUVE.

Il ne s'informoit point quelle étoit la victime ?

LE JEUNE BRAMINE.

Non ; l'humanité feule & l'infpire & l'anime.
Avec quelle chaleur fa pitié, fon courroux,
Son indignation éclatoit devant nous !
Il n'auroit point montré d'ardeur plus véhémente
Pour défendre une Sœur ou fauver une Amante.
A de fi beaux tranfports je brûlois d'applaudir ;
Mais aux yeux du Bramine à ce point m'enhardir,

C'étoit faire à des cœurs dont le mien se défie,

Soupçonner l'intérêt que je prends à ta vie.

Qu'il est dur de cacher la pitié dans son sein,

Et de dissimuler pour paroître inhumain !

Hélas! l'Européen ne pouvant me connoître,

Me voyoit du même œil qu'il voyoit le Grand-Prêtre.

Ah! combien j'en souffrois! Il court au Gouverneur;

A te sauver la vie, il a mis son honneur,

Et sans tes surveillans, dans sa fureur extrême,

Il viendroit en ce lieu t'en arracher lui-même.

LA VEUVE.

Ah! détourne ses pas; tu connois trop la Loi,

Il ne peut en ces lieux paroître devant moi ;

Les yeux d'un Etranger souilleroient la victime,

De sa seule présence on me feroit un crime;

Mais peut-être en ce jour, quoiqu'il soit mon soutien,

Ton intérêt pour moi t'exagère le sien.

Il a pris ma défense, il suivoit dans son zèle

Un premier mouvement de pitié naturelle ;

Mais cet Européen envoyé par son Roi,

N'a-t-il pas d'autres soins que de penser à moi?

Peut-il prendre ma cause & ne pas me connoître?

(à part.)

D'ailleurs puis-je accepter? Un seul mortel peut-être,

LE JEUNE BRAMINE.

J'ai vu l'inftant, te dis-je, où pour l'humanité,

Des Loix de l'honneur même il fe fût écarté.

Oui, prêt à tout ôfer, prêt à rompre la trève,

Plutôt que de fouffrir que ton bùcher s'élève.

Aux tranfports vertueux de fa noble fureur,

Je prenois l'Inde entière & nos Loix en horreur.

SCENE V.

FATIME, LA VEUVE, LE JEUNE BRAMINE.

FATIME.

Vous n'avez point, Madame, à craindre la préfence

Du Chef des affiégeans qui prend votre défenfe,

Et n'ayant pu vous voir, ni même l'efpérer,

Il ne vous cherchera que pour vous délivrer ;

Mais contre la rigueur d'un ufage barbare,

Trop hautement, pour vous, ce Guerrier fe déclare.

Ce Héros dans ces lieux n'eft point en fûreté :

J'ai vu le fanatifme & ce Peuple irrité ;

Le Bramine jaloux de garder fa victime,

Contre cet Etranger lui-même les anime ;

Il le peint dans nos murs comme un monftre odieux,
L'ennemi de nos Loix, l'ennemi de nos Dieux;
Je crains de ces clameurs quelque fuite fanglante.

(*Au jeune Bramine.*)
Engagez-le à cacher l'appui qu'il vous préfente,
Ou les foins du Guerrier qui vous fert aujourd'hui,
Peut-être vains pour vous, vont tourner contre lui.

LA VEUVE.

Hé quoi! malgré la trève, il périroit, Fatime!
J'ai trop tardé, fans doute, à livrer la victime.
Je cours de mon bûcher ordonner les apprêts.

FATIME.

O Ciel! qu'allez-vous faire?

LE JEUNE BRAMINE.

                              Et je le fouffrirois!

LA VEUVE.

Voyez à quels périls mon intérêt l'expofe.
Il peut perdre la vie, & j'en ferois la caufe.
Je crains pour moi l'appui qu'il daigne me prêter:
Quelque foit fon fecours, je n'en puis profiter;
Mais fi je me dérobe aux foins de fon courage,
Je dois le garantir d'un Peuple qui l'outrage;

E

De tous ces furieux détourner le poignard,
Et mettre entr'eux & lui mon bûcher pour rempart.

LE JEUNE BRAMINE.

Ton danger fait le fien : ma fœur, confens à vivre,
Et ce Peuple aujourd'hui ceffe de le pourfuivre.

LA VEUVE.

Mon trépas le fert mieux & je cours à la mort,
Autant pour le fauver, que pour remplir mon fort.
On ne me verra point en prolongeant ma vie,
Favorifer moi-même une aveugle furie ;
Oui, mon cœur va répondre à la grandeur du fien :
Je vole à fon fecours comme il voloit au mien.

SCENE VI.

LE JEUNE BRAMINE, FATIME.

LE JEUNE BRAMINE.

NEl'abandonnez pas : pour chercher le Grand-Prêtre,
Le Général François ici va reparoître ;
J'attendrai ce Guerrier, j'obtiendrai qu'aujourd'hui
Il diffimule encor pour ma fœur & pour lui.

SCENE VII.

LE JEUNE BRAMINE, *seul.*

Ainsi le fanatisme aveugle ses victimes.
Héroïque Mortel, plein de transports sublimes,
Faut-il donc pour toi-même avoir à redouter
Le généreux appui que tu veux nous prêter !

SCENE VIII.

LE JEUNE BRAMINE, LE GÉNÉRAL FRANÇOIS.

LE JEUNE BRAMINE.

Seigneur, où courez vous ? je mérite peut-être....

LE GÉNÉRAL.

Que me veux-tu ?

LE JEUNE BRAMINE.

Qu'au moins vous daigniez me connoître.

LE GÉNÉRAL.

J'ai vu le Chef des tiens, c'est te connoître assez.

E 2

LE JEUNE BRAMINE.

Ah! je diffère d'eux plus que vous ne penfez.

LE GÉNÉRAL.

Que m'import..?

LE JEUNE BRAMINE.

Je plains le deftin déplorable
De celle qu'en ces lieux notre Coutume accable.

LE GÉNÉRAL.

Au-devant de mes pas t'auroit-on envoyé?
De toi tout m'eft fufpeɛt & jufqu'à la pitié;
Laiffe-moi.

LE JEUNE BRAMINE.

Non, Seigneur, que mon cœur vous révèle
Quel puiffant intérêt m'eft infpiré par elle:
A la mort qui l'attend vous voulez la ravir,
Je le veux plus que vous & puis vous y fervir.
Connoiffez en un mot toute ma deftinée:
J'ai retrouvé ma fœur dans cette infortunée.

LE GÉNÉRAL.

Ta fœur! elle!

LE JEUNE BRAMINE.

Elle-même.

LE GÉNÉRAL.

Ah ! Dieu ! s'il est ainsi,

Barbare, ses dangers en sont plus grands ici.

LE JEUNE BRAMINE.

Ils le font moins, Seigneur.

LE GÉNÉRAL.

Je sais trop votre rage,

A quelle cruauté le nom de frère engage.

LE JEUNE BRAMINE.

Ne me confondez point, par grace, avec les miens.
Non, je sçais mieux du sang respecter les liens :
Ma sœur prête à périr par des Loix inhumaines,
Sur un bûcher ! ah Dieux ! son sang crie en mes veines ;
Pour un objet si cher je pourrai tout braver,
Je suis Européen dès qu'il faut la sauver ;
Attendez tout de moi, Seigneur.

LE GÉNÉRAL.

Vous l'avez vue

Est-il vrai qu'à la mort elle soit résolue ?

LE JEUNE BRAMINE.

Vous en seriez surpris, vous en seriez touché.
A son cruel devoir son cœur est attaché ;

E 3

Devoir d'autant plus dur à son ame asservie ,
Qu'on croit que cet hymen qui lui coûte la vie ,
N'étoit point le lien que son cœur eût choisi.

LE GÉNÉRAL.

Et celui qu'elle aimoit d'un lâche effroi saisi ,
Souffrira sous ses yeux cet horrible spectacle !
A la mort d'une Amante il n'ôse mettre obstacle !
Son sort me touche, moi qui lui suis étranger,
Comme homme seulement je viens la protéger.
Le lâche ! que fait-il ? qu'est-ce qu'il appréhende ?
Comment peut-il souffrir qu'un autre la défende ?

LE JEUNE BRAMINE.

Sans doute en d'autres lieux le Ciel l'a retenu ;
Mais qu'avec mes destins mon cœur vous soit connu :
Autant que je le puis je répare l'injure
Qu'en ce climat barbare on fait à la Nature ;
Loin d'exhorter ma sœur à subir le trépas ;
C'est moi qui vous cherchois , c'est moi qui sur vos pas
Venois me joindre à vous pour lui sauver la vie ;
J'ai tout tenté près d'elle , & ne l'ai point fléchie ;
Mais je suis trop heureux dans ces momens d'effroi,
Puisqu'elle trouve en vous même intérêt qu'en moi.

Vous êtes né fenfible, & le Ciel nous ordonne
De fauver, s'il fe peut, des jours qu'elle abandonne ,
Arrachons Lanaffa. . . .

LE GÉNÉRAL.

La foudre m'a frappé !

Quel nom !

LE JEUNE BRAMINE.

Quel cri, Seigneur, vous eft donc échappé?

LE GÉNÉRAL.

Lanaffa la victime !

LE JEUNE BRAMINE.

Elle vous eft connue ?

LE GÉNÉRAL.

Lanaffa pour mourir dans ces lieux retenue!
Et j'ignorois mes maux, & je venois fi loin
Pour être de fa mort l'infortuné témoin !
Je veux la voir.

LE JEUNE BRAMINE.

Seigneur. . . .

LE GÉNÉRAL.

J'y vole à l'inftant même.
Veux-tu donc que je laiffe immoler ce que j'aime?

LE JEUNE BRAMINE.

Vous l'aimeriez? qui! vous?

LE GÉNÉRAL.

N'arrête point mes pas.

LE JEUNE BRAMINE.

D'impénétrables murs ne vous permettront pas....

Et la trève interdit, Seigneur, la force ouverte;

Oui, ce feroit courir vous-même à votre perte.

N'allons point rendre vains par d'aveugles transports,

Les prodiges qu'un Dieu fait pour nous fur ces bords.

LE GÉNÉRAL.

Hé! que peux-tu pour elle en ce péril extrême?

LE JEUNE BRAMINE.

Il eft un foûterrain caché dans ces murs même,

Et par où l'on m'a dit qu'une femme autrefois

Fût fouftraite à prix d'or à la rigueur des Loix;

Il répond dans ces lieux à cette foffe ardente,

Où doit s'enfevelir la victime innocente;

Et par d'autres détours à la mer il conduit.

Bientôt la trève expire & le meurtre la fuit;

Si le Bramine altier preffe le facrifice,

Au défaut de la force, employons l'artifice.

Moi du fein de ce Temple avec vous au-dehors,
Le Ciel, c'eft mon efpoir, va fervir nos efforts.

LE GÉNÉRAL.

Si près & fi loin d'elle! ah! chaque inftant me tue!
Je friffonne d'horreur; mon oreille éperdue,
Dans des feux dévorans croit entendre fes cris!

LE JEUNE BRAMINE.

Ah! Seigneur! commandez encore à vos efprits.
Redoutez aujourd'hui ce zèle fanatique,
D'où fortiroit bien-tôt la révolte publique,
Avec nous, dans ce Temple, on fçait votre entretien;
Les efprits foulevés n'écouteroient plus rien.
Pour fauver Lanaffa, quelque foin que je priffe,
Vous-même vous feriez preffer le facrifice.
Regagnez votre Camp, pour Lanaffa, pour vous;
Dérobez-vous fur-tout à de perfides coups.

LE GÉNÉRAL.

Hé bien! je veux t'en croire & fuis fans défiance:
Mais de ton zèle ici pour première affurance,
Viens donc chez le Grand-Prêtre abjurer devant moi
Le Miniftère affreux qu'il n'a commis qu'à toi.

LE JEUNE BRAMINE.

Que dites-vous? non, non; il me faut, au contraire,

Feindre encor de garder ce fatal Miniſtère :
Il ſeroit auſſi-tôt remis en d'autres mains;
Le délai nous ſert mieux contre des inhumains.

LE GÉNÉRAL.

Je cède à tes raiſons; ton zèle me raſſure.
Je ſervirai l'amour; cours ſervir la Nature.

LE JEUNÈ BRAMINE.

Ma ſœur me réſiſtoit; mais je vais l'informer
Quel bras en ſa faveur aujourd'hui va s'armer.
Le Grand-Prêtre s'avance; adieu, Seigneur; je tremble
Que le barbare ici ne nous ſurprenne enſemble;
Adieu, comptez ſur moi.

SCENE IX.

LE GÉNÉRAL FRANÇOIS, LE GRAND BRAMINE.

LE GÉNÉRAL.

Vas-tu donc la chercher?
Vas-tu dans ta fureur la traîner au bûcher?

LE GRAND BRAMINE.

Profane, crois-tu donc que ſa vertu conſtante?...

TRAGÉDIE.

LE GÉNÉRAL.

Je n'aurai point en vain re .... tardé ton attente.

LE GRAND BRAMINE.

Quand tu vois que son sort & même ses souhaits....

LE GÉNÉRAL.

Son sort d'elle & de toi dépend moins que jamais.
Le dessein que j'ai pris n'est que trop légitime ;
Tu ne connoissois pas le prix de la victime,
Cruel ! tu l'apprendras ; engagé par ma foi,
De la trève en ces lieux je respecte la loi.
Mais si dans ma fureur je cherche à me contraindre,
Epargne la victime, ou je vais tout enfreindre.
Aux transports violents où tu me vois livré,
Crois que tout est possible & que rien n'est sacré.
J'aurai les yeux par-tout ; avant que tu l'immoles,
Toi, cruel ! tous les tiens, tes Autels, tes idoles,
Je n'épargnerai rien ; mon bras pour elle armé,
Sauvera tout son sexe avec elle opprimé.
Parmi les flots de sang qu'on m'aura fait répandre,
Je l'enlève au travers de cette Ville en cendre,
Et vengeant les malheurs que ta rage enfanta,
On cherchera la place où ton Temple exista.

SCENE X.

LE GRAND BRAMINE, LES BRAMINES.

LE GRAND BRAMINE.

QUEL eſt donc cet excès de démence & de rage?
Juſqu'au pied des Autels l'inſolent nous outrage.
De la Religion il attaque les droits;
Pour ſauver la victime il veut changer nos Loix!
Ne perdons point de tems, écartons la tempête;
Que dis-je, l'écarter? tournons-la ſur ſa tête,
Et par ſa perte, amis, vengeons avec éclat
Nos uſages, nos Loix, & ce Temple & l'Etat.

Fin du quatrième Acte.

ACTE V.

Le Théâtre repréfente le Parvis de la Pagode des Bramines, entouré de rochers; un bûcher eft dreffé au milieu de la place; on voit au loin la mer.

SCENE PREMIÉRE.

LE JEUNE BRAMINE, FATIME.

FATIME.

OU portez vous vos pas, & quel foin vous anime?

LE JEUNE BRAMINE.

Ma fœur n'a plus d'appui , tout eft perdu , Fatime!
Vous avez cette nuit entendu vers le Fort
Quels éclats ont foudain retenti fur le Port ;

Des Traîtres corrompus par les dons du Bramine,

Sur la Flotte ont porté la flamme & la ruine,

Et du Camp aux Vaiſſeaux, volant à leur ſecours

Leur Chef dans ce déſaſtre a terminé ſes jours;

L'Eſcadre Européenne à demi-conſumée,

De ſes triſtes débris laiſſe la mer ſemée,

Et ſur quelques Vaiſſeaux tout le Camp remonté,

D'une ſuite rapide au loin s'eſt écarté.

FATIME.

Ainſi toute eſpérance eſt pour jamais détruite.

LE JEUNE BRAMINE.

De cet évènement voyez déjà la ſuite;

Le bûcher eſt dreſſé.

FATIME.

Quel ſpectacle d'horreur '

LE JEUNE BRAMINE.

On va me commander d'y conduire ma ſœur;

Mais avant d'obéir, de me ſeparer d'elle,

Dut fondre ſur ma tête une foule cruelle,

Loin d'être de ſa mort le Miniſtre odieux,

Il faudra que moi-même on m'immole en ces lieux.

FATIME.

Et loin d'elle au moment....

LE JEUNE BRAMINE.

                Sa prudence inquiète

M'interdit avec foin l'accès de fa retraite ,

Tant elle a craint mon zèle , & fur-tout les fecours

De cet Européen qui protégeoit fes jours.

Courez vers elle encor , portez-lui la prière ,

La réfolution , le défefpoir d'un frère.

Fatime , affurez-la que de tout mon effort ,

Aux yeux du Peuple entier j'empêcherai fa mort.

SCENE II.

LE JEUNE BRAMINE, *feul.*

DANS un fi beau deffein cet Etranger fuccombe !

Ma déplorable fœur dans l'abîme retombe.

J'efpérois que fon cœur qui me brave aujourd'hui ,

Balanceroit au moins entre la mort & lui.

Cruelle ! avec tranfport je courois pour t'apprendre

Que le bras d'un amant s'armoit pour te défendre !

Heureufe maintenant d'ignorer quelle main

Te prêtoit un fecours que le Ciel rend fi vain !

SCENE III.

LE GRAND ET LE JEUNE BRAMINES, PEUPLE INDIEN.

LE GRAND BRAMINE.

PEUPLES, foyez en paix ; c'eſt moi qui vous délivre

De ces Européens ardens à vous pourſuivre ;

Une fois dans la Ville entrés victorieux,

Ils y changeoient nos mœurs, ils en chaſſoient nos Dieux.

Pour mieux exécuter le deſſein que j'achève,

J'ai dévancé l'inſtant qui terminoit la trève ;

Mais ſi j'étois réduit à cette extrémité,

J'accordois la juſtice & la néceſſité.

Voyez nos Citoyens immolés ſur ces rives ;

C'eſt du pied de ces murs que tant d'Ombres plaintives,

Semblent en ſe levant m'avouer de concert

Du coup inattendu qui les venge & vous ſert.

J'ai vu de vos eſprits la révolte ſoudaine,

Au premier bruit ſemé, que d'une main hautaine

Le Chef des aſſiégeants prétendoit arracher

Une fidelle Veuve aux honneurs du bûcher ;

Brama

Brama qui la protège & dont l'Inde eſt chérie,

Raffermit la Coutume en ſauvant la patrie,

Il repouſſe par moi d'audacieux Mortels,

Il conſerve vos murs, & venge vos Autels.

(*Au jeune Bramine.*)

C'eſt vous que j'ai chargé d'amener la victime;

Allez, ne tardez pas.

LE JEUNE BRAMINE.

     Qui! moi! qu'après ton crime,

Soumis à tes fureurs, je coure la chercher?

Que je traîne une femme à ce fatal bûcher?

Tu violes la trève & ces Loix mutuelles,

Ce droit des Nations au fort de leurs querelles:

Et lâche incendiaire, odieux deſtructeur,

Tu voudrois me paroître un Dieu libérateur!

Ah! lorſque ta fureur & ta haine couverte,

Du Chef de ces François précipite la perte,

Connois-moi tout entier, & ſçache qu'aujourd'hui,

Pour ſauver Lanaſſa, je me joignois à lui.

LE GRAND BRAMINE.

Qu'entens-je! tu formois une trame ſi noire,

Et m'oſes inſulter? toi, traître?

           F

LE JEUNE BRAMINE.

Et j'en fais gloire.

Je l'étois envers toi, non comme toi, cruel,
Pour commettre le crime à l'ombre de l'Autel,
Je l'étois pour sauver d'une mort effroyable,
Un sexe infortuné que ta Coutume accable.

LE GRAND BRAMINE.

Vois donc où t'a conduit une folle pitié,
Tu livrois ton Pays!

LE JEUNE BRAMINE.

J'en sauvois la moitié,
La moitié la plus foible, & la plus malheureuse;
Celle que poursuivoit une loi monstrueuse;
Celle qu'en tous les tems, d'un si cruel accord,
Notre sexe opprima par le droit du plus fort;
Celle pourtant qu'on voit à nos destins unie,
Nous aider à porter les peines de la vie,
Et dont le charme inné, toujours victorieux,
Partout adoucit l'homme, excepté dans ces lieux.

LE GRAND BRAMINE.

Effroyable blasphême, outrage inconcevable!
Brama ne tonne point sur ta tête coupable!

LE JEUNE BRAMINE.

Tu ne fçais pas encor ce que j'ofois ici,
De quel crime à tes yeux je fuis encor noirci ;
En fauvant Lanaffa , je fervois la Nature ,
La victime eft ma fœur.

LE GRAND BRAMINE.

             O comble de l'injure !

LE JEUNE BRAMINE.

Sur la férocité d'un ufage odieux ,
Sur d'affreux préjugés que n'ai-je ouvert fes yeux !

LE GRAND BRAMINE.

De nos loix, de nos mœurs, tu te faifois le juge ,
Tu veux fa honte ! un frère !

LE JEUNE BRAMINE.

               Un vertueux transfuge,
Qui brûle de fortir & pour jamais d'un lieu ,
Où d'une loi de fang il fait le défaveu.
Oui, Barbare, à la mort j'ai voulu la fouftraire :
Pour la facrifier je ne fuis point fon frère,
Je le fuis pour l'aimer , pour être fon foutien ;
Le Ciel me fit un cœur bien différent du tien.

                      F 2

Périsse sur ces bords ta coutume cruelle,
Je connois la Nature & je ne connois qu'elle.

LE GRAND BRAMINE, *à un Bramine.*

Amenez la victime, un autre plus soumis
Va remplir cet emploi que je t'avois commis.

LE JEUNE BRAMINE.

Va, si j'ai dans ce jour un reproche à me faire,
C'est d'avoir accepté ce fatal ministère,
De t'avoir obei, de t'avoir écouté,
Je rougis du respect que je t'avois porté,
De mon humble réserve, & des doutes timides
Dont j'avois combattu tes leçons homicides.
Peuples, c'est devant vous que j'abjure à jamais
Vos coutumes, vos loix, vos solemnels forfaits ;
Ma raison par vos mœurs ne peut être obscurcie,
Ni mon instinct changé, ni mon ame endurcie ;
Malgré l'opinion, malgré sa cruauté,
Le sentiment l'emporte & mon cœur m'est resté.

LE GRAND BRAMINE.

Impie ! ah ! Lanassa condamnant ton audace,
A la mort d'elle-même avance dans la place.

LE JEUNE BRAMINE.

Oui, par les droits du fang, méconnus fur ce bord,
J'empêcherai ma fœur de courir à la mort.
Arrêtez inhumains, qui formez fon cortège,
Et par ma foible voix quand le Ciel la protège,
Aux horreurs de fon fort ne l'abandonnez pas,
Devez-vous plus qu'un frère exiger fon trépas ?

SCENE IV.

LA VEUVE, *fuivie de fes Parens*, ET LES ACTEURS PRÉCÉDENS.

LA VEUVE, *égarée.*

Ou fuis-je! où vais-je! Dieux! autour de moi tout change!
Qui m'a pu transporter fur les rives du Gange?
Quel fantôme voilé, Ciel! je vois s'approcher!...
Fuyons; il me faifit, il m'entraîne au bûcher;
Il fe découvre, arrête, époux impitoyable.

LE JEUNE BRAMINE.

Ne meurs plus pour fauver un Guerrier fecourable,
Ton appui, ce héros...

LE GRAND BRAMINE.

Est tombé sous mes coups.

LE JEUNE BRAMINE.

Il venoit t'arracher....

LA VEUVE.

De qui me parlez-vous?

LE GRAND BRAMINE.

D'un Chef d'audacieux, aujourd'hui ma victime.

LE JEUNE BRAMINE.

De ton fier défenseur, d'un Guerrier magnanime.

LA VEUVE.

D'un Guerrier! hé, pourquoi m'offroit-il son secours?
Pour qui s'empressoit-il de conserver mes jours?
Quel est-il ce Héros si généreux, si tendre,
Qui ne me connoit pas & qui m'ôse défendre?
Que mes malheurs ici touchent si puissamment?
Les François ont-ils tous le cœur de mon amant!

LE GRAND BRAMINE.

Quel mot prononcez-vous? qu'avez-vous ôsé dire?
Ne sortirez-vous point de ce honteux délire?
D'un indigne secours j'ai sçu vous délivrer,
Oubliez un profane.

LE JEUNE BRAMINE.

Ah! tu dois le pleurer!

LA VEUVE.

Le pleurer! hé, qui donc? ô douleur qui me tue!

LE JEUNE BRAMINE.

Il eſt mort pour toi ſeule & preſque ſous ta vue.

LA VEUVE, *allant vers le bûcher.*

Qu'on allume les feux, je ne ſens plus d'effroi;
Le trépas maintenant eſt un bonheur pour moi.
A l'aſpeᶜt du bûcher dont je ſerai la proie,
Le déſeſpoir me donne une ſorte de joie.
Mourons.

LE JEUNE BRAMINE.

Peux-tu, cruelle! ah! quel horrible inſtant!
Ton frère eſt à tes pieds.

LE GRAND BRAMINE.

Votre époux vous attend.

LE JEUNE BRAMINE.

Ma ſœur!

LA VEUVE.

Laiſſe-moi, dis-je.

LE GRAND BRAMINE.

Arrêtez cet impie.

LE JEUNE BRAMINE.

Qui de vous deux, cruels, a plus de barbarie!

*(Les Bramines la féparent de fon frère,
& elle monte fur le bûcher.)*

LE GRAND BRAMINE.

Quel bruit fe fait entendre?

LE JEUNE BRAMINE.

On pénètre en ces lieux.

LE GRAND BRAMINE.

'Ai-je perdu mes foins ?

LE JEUNE BRAMINE.

M'exaucez-vous, grands Dieux!

LE GRAND BRAMINE.

O revers!

LE JEUNE BRAMINE.

O bonheur!

SCENE V.

LE GÉNÉRAL FRANÇOIS, *à la tête de ses Troupes,*
ET LES ACTEURS PRÉCÉDENS.

LE GÉNÉRAL, *montant sur le bûcher.*

LANASSA dans la flamme!

LE GRAND BRAMINE.

Notre ennemi vivant!

LE GÉNÉRAL.

Courons! vivez, Madame,

LA VEUVE.

Qui m'arrache à la mort?

LE GÉNÉRAL.

Idole de mon cœur!

Lanassa!

LA VEUVE, *jettant un cri de surprise & de joie
dans les bras du Général François
avant de le nommer.*

Montalban! toi mon libérateur?

LE GÉNÉRAL.

Oui, c'est moi qui t'arrache à cette mort funeste.

LE JEUNE BRAMINE.

C'eſt vous, Seigneur, c'eſt vous, double faveur céleſte !
Vous vivez, je vous vois, grands Dieux ! qui l'auroit cru !

LE GÉNÉRAL.

Le bruit de mon trépas, par mon ordre a couru.
Un Golphe abandonné nous a ſervi d'azile ;
Et par le ſoûterrain nous entrons dans la Ville,
Tandis qu'une autre Troupe eſt maitreſſe du Fort.
Ciel ! un moment plus tard, quel eût été mon ſort !
Ainſi, l'obſcur ſentier qu'on dit que l'avarice
Ouvrit pour dérober une femme au ſupplice,
En un même deſſein, ici plus noblement,
Sert mon Roi, les François, ton frère & ton amant.
Trop heureux ſur ces bords d'employer la ſurpriſe
Pour épargner le ſang dans la Place ſoumiſe !

(*Au grand Bramine.*)

Toi, dont le Ciel confond les complots & les vœux,
J'ai ſçu de ta fureur l'emportement honteux ;
Ton crime étoit d'un lâche & n'a rien qui m'étonne ;
Mais François je l'oublie, & vainqueur je pardonne,
Je te laiſſe le jour, même après tes forfaits.
Soldats, que de ces lieux on l'éloigne à jamais.

SCENE VI ET DERNIÈRE.

LE GÉNÉRAL FRANÇOIS, LA VEUVE,
FATIME, LE JEUNE BRAMINE,
LE PEUPLE INDIEN, OFFICIERS
FRANÇOIS, SOLDATS, PARENS DE
LA VEUVE.

LA VEUVE.

C'ÉTOIT vous, Montalban, qui preniez ma défenfe!
C'étoit vous dont j'ai craint, dont j'ai fui la préfence!
Pour fauver Lanaffa, quel Dieu vous a fauvé?
Ah! le jour m'eft plus cher par vos mains confervé!
De quel prix me doit être & ma vie & la vôtre!
Je vivrois moins heureufe à vivre par un autre.

LE JEUNE BRAMINE.

Digne prix de vos foins, vous ne croyiez d'abord,
Ravir qu'une inconnue aux horreurs de fa mort,
Et le Ciel vous devoit la faveur éclatante,
De retrouver en elle & fauver une amante.

LA VEUVE.

Cher Montalban!

LE GÉNÉRAL.

Partage, après tout notre effroi,
Tant de reconnoiffance entre ton frère & moi.
Vous, Peuples, refpirez fous de meilleurs aufpices:
Des faveurs de mon Roi, recevez pour prémices
L'entière extinction d'un ufage inhumain.
LOUIS pour l'abolir s'eft fervi de ma main:
En fe montrant fenfible autant qu'il eft né jufte,
La fplendeur de fon règne en devient plus augufte.
D'autres chez les vaincus portent la cruauté,
L'orgueil, la violence, & lui l'humanité.

Fin du cinquième & dernier Acte.

APPROBATION.

J'ai lû par ordre de Monfieur le Lieutenant-Général de Police, *La Veuve du Malabar, Tragédie*, & je n'y ai rien trouvé qui m'ait paru devoir en empêcher l'impreffion. A Paris le 1er. Juin 1780.

SUARD.

Vû l'Approbation; permis d'imprimer. A Paris, ce 2 Juin 1780.

LE NOIR.

De l'Imprimerie de CAILLEAU, rue St.-Severin,
1780.

.

www.ingramcontent.com/pod-product-compliance
Lightning Source LLC
Chambersburg PA
CBHW060639100426
42744CB00008B/1690